Fiche **philosophe**

Par Natacha Cerf

Tocqueville

TOCQUEVILLE

PHILOSOPHE POLITIQUE, HOMME POLITIQUE ET HISTORIEN FRANÇAIS

- **Né en 1805 à Paris**
- **Décédé en 1859 à Cannes**
- **Quelques-unes de ses œuvres :**
    - *De la démocratie en Amérique* (1835-1840)
    - *L'Ancien Régime et la Révolution* (1856)

Charles Alexis Henri Clérel de Tocqueville est l'une des plus grandes références de la **philosophie politique libérale**. Son analyse de la Révolution française, du système démocratique américain et de l'évolution des démocraties occidentales lui apporte la reconnaissance : il est nommé chevalier de la Légion d'honneur en 1837, élu à l'Académie des sciences morales et politiques en 1838 et à l'Académie française en 1841.

Libéral conservateur et représentant du libéralisme aristocratique, sa carrière politique est centrée sur la **défense des libertés et du peuple**. Tocqueville soutient ainsi les principes premiers de la Révolution française de 1789.

BIOGRAPHIE

LE VOYAGE AUX ÉTATS-UNIS

Charles Alexis Henri Clérel, vicomte de Tocqueville, est né à Paris en **1805**. Issu d'une **famille de royalistes de la noblesse normande**, il est l'arrière-petit-fils de l'homme politique français Guillaume de Malhesherbes (1721-1794) et le neveu du frère ainé de l'écrivain François-René de Chateaubriand (1768-1848).

Il fréquente le collège des jésuites à Metz, puis entame une **licence en droit** selon l'enseignement de l'historien et homme politique François Guizot (1787-1874). En **1827**, il devient **juge auditeur au tribunal de Versailles**, mais il ambitionne déjà de faire une carrière politique. C'est à cette époque qu'Alexis de Tocqueville rencontre Gustave de Beaumont (1802-1866), comte et homme politique avec lequel il collaborera sur plusieurs ouvrages.

Élevé dans le culte de la royauté, il prête serment à contre-cœur au **régime de Louis-Philippe Ier** (1773-1850) en **1830**, bien qu'il soit déjà favorable aux idées libérales. Il préfère alors s'éloigner de la vie politique française et part aux **États-Unis** avec Gustave de Beaumont, avec pour prétexte d'y étudier le système pénitentiaire américain. À leur retour en 1832, ils publieront ensemble *Du système pénitentiaire aux États-Unis et de son application* (1833). Toutefois, c'est davantage le système démocratique américain qui intéresse Tocqueville.

L'ÉLABORATION DE L'ŒUVRE MAITRESSE

Tocqueville apprend beaucoup du procureur général de l'État de Louisiane, Étienne Mazureau (1777-1849) sur les matières juridique, sociologique, démographique et linguistique, ce qui l'amène à élaborer l'œuvre fondatrice de sa pensée politique : ***De la démocratie en Amérique***, qui sera publiée en **1835** et en **1840** et connaitra un **succès immédiat**. Tocqueville est successivement nommé chevalier de la Légion d'honneur en 1837, élu à l'Académie des sciences morales et politiques en 1838 et à l'Académie française en 1841.

Ses analyses de la démocratie américaine sont fondées sur une méthode rigoureuse qui consiste à interroger de nombreux interlocuteurs issus de toutes les catégories sociales (prisonnier, juge, avocat et jusqu'au président Andrew Jackson [1797-1845]). En outre, elles visent une approche globale qui ambitionne le long terme. Il s'agit d'une tentative pour remédier au défaut principal de la vie politique : l'improvisation, la réactivité immédiate, le simple ajustement tactique qui caractérisent l'absence de toute vision globale des enjeux. En outre, Tocqueville accorde la priorité à la vérité et à l'éthique en politique.

LA CARRIÈRE POLITIQUE

Libéral-conservateur, Tocqueville embrasse une **carrière politique à partir de 1839**, entre autres en tant que député de Valognes, conseiller général de la Manche pour le canton de Sainte-Mère-Église et président du conseil général du département. Au Parlement, il **prend position contre l'esclavagisme** constitué sur une distinction raciale qui n'a pas de sens réel. Il condamne fermement le racisme et tout ce qui est de l'ordre de la distinction de races supérieures et inférieures, nobles ou serviles, et affirme que les différences existantes entre individus, peuples ou ethnies sont exclusivement d'ordre historique ou culturel et ne relèvent que de causes secondes. Il n'existe qu'une seule humanité et les différences existantes entre les races sont susceptibles d'être modifiées ou supprimées en fonction des causes secondaires historiques, matérielles ou culturelles.

Il remet également en question la colonisation, particulièrement en Algérie, et **défend le libre-échangisme**. Tocqueville s'insurge par ailleurs contre la classe moyenne qui ne se préoccupe des affaires publiques que si elles servent ses intérêts privés et égoïstes. En outre, il fait partie de la Société d'économie charitable qui développe une économie sociale chrétienne.

Élu à **l'Assemblée constituante** de **1848**, il se présente comme un républicain : la République est selon lui le régime qui assure le mieux le respect des libertés. Membre de la Commission en charge de la **rédaction de la Constitution française** de 1848, il y prend position pour les institutions libérales, le bicamérisme, l'élection du président de la République au suffrage universel et la décentralisation. Puis il est élu vice-président à **l'Assemblée législative** en **1849**. Enfin, la même année, sous la présidence de Louis-Napoléon Bonaparte (1808-1873) à la tête de la IIe République, il devient **ministre des Affaires étrangères**.

L'ANALYSE DE L'HISTOIRE

Opposé au coup d'État de **1851**, il vote la déchéance du président de la République, ce qui lui vaut une incarcération **à Vincennes**. Relâché, il **quitte la vie politique**. Sa carrière aura été étrangement semblable à celle de Malesherbes : libéraux, réformistes, défenseurs des libertés et du peuple, ils ont tous deux soutenu des réformes qu'ils n'ont pu faire aboutir, essayé en vain de mettre en garde le pouvoir en place des dangers qui le guettaient, se sont intéressés à la question des prisons, de l'enseignement, des enfants abandonnés et de l'importance d'avoir un État civil. L'un comme l'autre furent des défenseurs de l'esprit premier de la Révolution française de 1789.

Retiré dans le château familial, il consacre la fin de sa vie à l'analyse de l'histoire. En **1856**, il publie le premier tome de **De L'Ancien Régime et la Révolution**, une œuvre dans laquelle il étudie les causes des différentes révolutions françaises. En 1859, Tocqueville décède de la tuberculose avant d'avoir pu terminer l'ouvrage.

Notons qu'il est également l'auteur de *L'État social et politique de la France avant et depuis 1789* (1836), d'une *Histoire du règne de Louis XV* (1846) et de *Coup d'œil sur le règne de Louis XVI* (1850). Il a par ailleurs rédigé ses mémoires, *Souvenirs*, publiés à titre posthume, et a laissé une vaste correspondance.

CONTEXTE PHILOSOPHIQUE

UN CONTEXTE HISTORIQUE MOUVEMENTÉ

De nombreux régimes politiques se succèdent en France au cours du XIXe siècle suite à **la Révolution de 1789**, qui marque **le début d'une période particulièrement instable**. Tocqueville, pour sa part, est principalement le témoin de la monarchie de Juillet (1830-1848) et de la seconde République (1848-1851).

La monarchie de Juillet

La révolution populaire de Juillet **1830 Louis-Philippe Ier**, qui gouverne sous le titre de « Roi des Français ». Si son règne n'est **pas favorable aux libertés**, l'époque se distingue néanmoins par un **développement industriel** croissant. Quant à la politique extérieure, elle est marquée par la **colonisation de l'Algérie** et par les tentatives de **rapprochement avec l'Angleterre**. Cependant, le refus royal d'accorder le droit de vote aux moins bien nantis et aux lettrés par peur de l'opposition des républicains et des bonapartistes n'est pas favorable à Louis-Philippe : celui-ci est débouté par une **révolution parisienne en 1848**. La deuxième République est née.

La seconde République

De **grandes mesures** sont prises telles que l'abolition de l'esclavage dans les colonies françaises, la suppression de la peine de mort pour les délits politiques ou l'instauration du suffrage universel masculin. Le gouvernement est cependant divisé entre les républicains modérés et **les radicaux socialistes** qui **exigent la reconnaissance du droit du travail**. Des ateliers nationaux sont alors organisés en vue d'employer les ouvriers parisiens au chômage, mesure financée par une **hausse d'impôts** qui touche principalement les paysans, mécontents. Dès lors, les ateliers sont fermés, ce qui provoque une **insurrection écrasée par l'armée**. Le gouvernement est mis sous pression par les monarchistes pour limiter la liberté d'expression des socialistes : la République n'est alors plus ni sociale ni démocrate. De plus, ses institutions sont troubles, ballottées entre le régime parlementaire et le régime présidentiel. **Louis-Napoléon Bonaparte tire profit de ce chaos et se fait élire président de la République**. Après avoir favorisé les monarchistes et le clergé, désireux d'être seul maitre à bord, il s'empare du pouvoir par le **coup d'État de 1851**. Il règne alors en empereur de 1852 à 1870 : il s'agit du second Empire.

La naissance de la démocratie aux États-Unis

Parallèlement, **les États-Unis connaissent aussi une période de changements**. Il y a, au XVIIIe siècle, treize colonies britanniques en Amérique. Mais, le contexte économique et social étant favorable, les colons veulent se distancer de Londres, estimant être économiquement exploités par la métropole, qui les oblige à lui accorder l'exclusivité des ventes et ce à des prix très bas. En outre, ils estiment que l'armée est trop onéreuse et s'opposent à l'autorité excessive exercée par le gouvernement anglais sur la colonisation de l'Ouest américain.

En somme, **les colonies aspirent à plus d'autonomie** et,

par conséquent, **se forgent progressivement une identité culturelle**, ce qui a pour conséquence des manifestations d'indépendance de plus en plus violentes. En 1763, les colons commencent à boycotter les produits anglais et s'organisent en comités et en mouvements politiques et intellectuels. Le premier Congrès continental, où douze représentants des treize colonies sont présents, se forme en 1774. L'année suivante, la **guerre d'indépendance** éclate **entre les Américains et l'Angleterre**. Finalement, l'indépendance des États-Unis est déclarée le 4 juillet **1776**.

Jusqu'en 1789, les États-Unis sont régis par les articles de la Confédération établis en 1777 par le Second Congrès continental formé par la réunion des treize colonies, doré-navant devenues les États composant les États-Unis. Les difficultés rencontrées à l'époque par les treize États sur la question des frontières sont surpassées par **l'adoption de la Constitution par les États fédérés entre 1787 et 1790**. Cette Constitution fonde les bases de la démocratie :

- respect des libertés individuelles des citoyens américains ;
- application du principe de séparation des pouvoirs afin d'éviter la tyrannie ;
- instauration de l'égalité des États en politique : chaque État, peu importe sa superficie et sa démographie, dé-signe deux sénateurs à Washington.

LES INFLUENCES DE TOCQUEVILLE

Plusieurs penseurs ont exercé une influence importante sur la philosophie politique de Tocqueville.

Pascal

Le point commun qui unit Tocqueville et Blaise Pascal (1623-1662) est d'ordre intime : ils partagent **la même angoisse existentielle**, ce que révèle l'analyse du vocabulaire utilisé, l'usage de l'ironie et le ton généralement pessimiste. Tous deux ont cependant la volonté d'affirmer des principes et des valeurs, même si cela demeure sans espoir réel et que la question « À quoi bon ? » leur revient incessamment à l'esprit. Ils s'interrogent sur le sens et sur l'existence, réflexion qui les mène à l'affirmation de **la nécessité du divin pour empêcher les hommes de tomber dans l'inquiétude** existentielle : Tocqueville ressent l'absolu besoin de l'existence d'un Dieu, sans quoi les individus, les sociétés et l'histoire elle-même sombreraient dans le non-sens et l'absurde. Par conséquent, tout comme Pascal, il conçoit le croyant comme plus grand et moins vulnérable que le libre-penseur.

Les deux hommes partagent également la vision du christianisme originel. En effet, Tocqueville juge **le christianisme et la morale chrétienne supérieurs aux autres formes morales**, car fondés sur une double révolution qui a bousculé la vision du monde antérieure :

- ses valeurs sont universelles. Le christianisme est le seul à pouvoir donner une assise à une morale universelle destinée à l'humanité entière ;
- il y a une unicité de l'humanité qui va au-delà des distinctions maitre-esclave, juif-païen, etc. Le Christ entretient les mêmes rapports avec le peuple qu'avec la prostituée ou le collecteur d'impôts. Les hiérarchies sont abolies.

Montesquieu

La forme de *De la démocratie en Amérique* est identique à celle de *L'Esprit des lois* (1748) de Montesquieu (1689-1755), mais, outre cela, Tocqueville emprunte au philosophe trois sujets à propos desquels il prolonge la réflexion :

- **l'origine germanique de la noblesse** : il reprend la théorie de Montesquieu, mais y ajoute une analyse de l'évolution historique jusqu'à la Révolution afin de mettre en évidence l'inéluctabilité du renversement de la société aristocratique ;
- **la théorie des climats** : il remet en cause l'importance de la théorie des climats de Montesquieu. Grâce à son voyage aux États-Unis, Tocqueville conclut que le climat a moins d'influence sur les peuples que les lois et les mœurs ;
- **les lois et les mœurs** : Tocqueville, insatisfait des réponses de Montesquieu sur le traitement des lois et des mœurs, établit grâce à ses observations une hiérarchie des influences. Selon lui, les mœurs ont une influence plus grande que celle des lois qui ont elles-mêmes une influence plus conséquente que les circonstances historiques, géographiques, et ainsi de suite.

Enfin, Tocqueville, tout comme Montesquieu, applique à son travail d'analyse une **méthode comparatiste**, se concentrant sur les ressemblances et les différences (par exemple entre la société aristocratique et la société démocratique). Ainsi, Montesquieu peut être perçu comme le modèle d'analyse politique de Tocqueville.

Rousseau

Tocqueville a essentiellement en commun avec Jean-Jacques Rousseau (1712-1778) le développement des problématiques de la démocratie moderne et du despotisme en devenir. Dans *De la démocratie en Amérique*, il analyse longuement *Du contrat social* (1762) dans le but de répondre à la question suivante : **comment les textes de Rousseau, qui ont largement influencé les débuts de la Révolution française, ont-ils pu conduire au despotisme impérial ?** Tocqueville essaye de résoudre ce paradoxe notamment en affirmant que le pacte social ne peut fonctionner que si les individualismes égoïstes sont contrebalancés par un travail sur l'intérêt collectif via la création d'associations.

Enfin, Tocqueville a également été, dans une moindre mesure, influencé par **Platon** (vers 427-347 av. J-C), dont il retient le lien essentiel entre l'éthique et la politique. Quant à son style, il est partiellement emprunté aux moralistes tels que **Saint-Simon** (1601-1690), **La Rochefoucauld** (1613-1680) ou encore **La Bruyère** (1645-1696).

PENSÉE ET APPORT

La principale question qui a occupé Alexis de Tocqueville est la suivante : « Qu'est-ce qu'une démocratie ? » C'est en étudiant les mœurs américaines qu'il trouvera la réponse à cette interrogation.

L'INÉLUCTABILITÉ DE LA DÉMOCRATIE

Selon le philosophe, la Révolution française de 1789 ne constitue pas une rupture dans l'histoire, mais la fin d'un processus inéluctable débuté plusieurs siècles auparavant et devant aboutir à l'émergence de la démocratie. Ainsi, du système féodal jusqu'à la Révolution, en passant par l'Ancien Régime, on assiste progressivement à une égalisation des conditions, caractéristique propre à la démocratie (<u>citation 1</u>).

L'ébranlement des classes sociales

Dès le Moyen Âge, explique Tocqueville dans *De L'Ancien Régime et la Révolution*, le **système féodal**, qui repose principalement sur la propriété foncière (appelée le fief) et sur le contrat vassalique (qui lie un suzerain à son vassal), affaiblit considérablement la monarchie. En effet, **le roi, s'il est suzerain de ses vassaux, n'exerce pas dans la pratique de pouvoir direct sur ses sujets** : les duchés, comtés et baronnies dont est composé son royaume sont puissants. De plus, ce sont les vassaux, parfois plus riches que leur seigneur, qui administrent les terres et tirent profit des ressources de ces dernières.

Le pouvoir des vassaux est toutefois remis en question sous la **dynastie capétienne** (987-1328), notamment, qui se sert des rivalités permanentes entre eux pour **augmenter son propre pouvoir** :

- Louis VI établit les communes qui dotent les rois d'un auxiliaire contre la puissance des vassaux ;
- les croisades forcent les seigneurs au don de leur domaine ;
- Philippe Auguste, Saint-Louis et Philippe le Bel s'emparent des fiefs pour les attacher au domaine royal par la force ou par le jugement, l'achat ou la donation.

Ainsi, **les privilèges des vassaux se réduisent** peu à peu à néant. Dès lors, on assiste à la **centralisation des pouvoirs au profit de l'État** qu'incarne le roi et, avec elle, au **désordre des classes** : les trois ordres (noblesse, clergé et Tiers État) sont ébranlés par l'évolution de la société.

Parallèlement, le développement des villes va de pair avec la **création de nouvelles classes sociales centrées sur l'artisanat et le commerce**, et rend nécessaire l'émergence d'un État centralisé afin de protéger le pays des invasions et de faire justice. Cette centralisation des pouvoirs par l'État nécessite des **ressources financières** que le roi trouve auprès des riches commerçants bourgeois. Ces derniers voient alors leur **pouvoir politique, fiscal et judicaire** augmenter au détriment de celui des grands féodaux et des nobles. L'Église commence de même à perdre de son pouvoir : non seulement le clergé perd des terres, mais il est également privé d'une partie de son rôle culturel et social au profil des écoles laïques.

L'émergence de l'individualisme

Ainsi, alors que **la noblesse et le clergé s'effondrent** et voient leurs privilèges disparaitre au bénéfice du pouvoir central de l'État, **la bourgeoisie acquiert une importance croissante** grâce à sa richesse et cherche à obtenir des fonctions politiques. Quant à **la paysannerie, dont l'appauvrissement ne cesse d'augmenter** en raison des charges féodales archaïques et injustifiées qui pèsent toujours sur elle, elle hait toutes les classes qui lui sont supérieures et est haïe par la bourgeoisie, honteuse d'être issue de cette classe connaissant la misère.

Par conséquent, en France, au sortir du Moyen Âge, **les distorsions sociales sont immenses**. Les différentes classes sociales sont devenues indépendantes, étrangères les unes aux autres et ennemies. Plus rien ne les lie (citation 2).

Une telle société en crise, en proie à la fragmentation sociale, à l'hostilité réciproque entre les groupes et au sentiment d'altérité, ne peut que se désagréger. La **montée des individualismes** explose et va de pair avec une **volonté rageuse d'égalité** : la fin de l'inégalité des conditions devient le centre des préoccupations morales et politiques. C'est ce progrès vers l'égalité qui donne naissance à la Révolution.

Cependant, si Tocqueville ne nie pas que la Révolution soit un évènement fondateur de la France moderne, il le réduit à un ajustement entre l'État social (la volonté croissante d'égalisation des conditions) et l'État politique (les inégalités politiques) de la France de 1789. Il ne s'agit donc pas d'une véritable révolution sortie de nulle part, mais d'une adaptation violente de l'État politique à l'État social.

LA DÉMOCRATIE EN AMÉRIQUE

Le système démocratique américain, un modèle idéal

Étant établi que l'émergence de la démocratie est inéluctable, l'état social de la France la conduisant naturellement et irrémédiablement à un système démocratique, il est indispensable, selon Tocqueville, de préparer sa mise en place.

Pour ce faire, il s'agit de **définir précisément la société démocratique**, d'en déterminer les principales caractéristiques et d'en identifier les vices intrinsèques et les qualités naturelles. Dans ce but, le philosophe se livre tout d'abord à une **analyse profonde du système démocratique américain** qui lui apparait comme un modèle idéal sur lequel s'appuyer (citation 3).

En effet, la démocratie américaine, véritable souveraineté populaire, a surgi sans les déterminismes historiques et géographiques qui pèsent sur les peuples d'Europe : la connaissance des institutions démocratiques aux États-Unis constitue donc une base sérieuse à partir de laquelle les hommes politiques et les législateurs européens peuvent réfléchir sur les modalités de la démocratie à appliquer dans leur pays respectif. Celles-ci varieront en fonction du poids de l'histoire, des circonstances, des lois, des mœurs, de l'esprit des peuples et de l'état social.

Le philosophe politicien se livre à toute une série d'observations sur le système américain : il se penche notamment sur le rôle de la religion, de l'économie et de la philosophie carcérale.

La religion

Selon Tocqueville, les croyances dogmatiques communes sont essentielles à l'équilibre sociétal. Inversement, l'athéisme et le matérialisme philosophique conduisent les individus à n'être en quête que d'objets, ce qui peut les mener au déclin et à la servitude (citation 4).

Les États-Unis représentent un bon exemple des bienfaits du fait religieux sur la société :

- d'une part, **la religion constitue un puissant facteur de cohésion sociale**, dans la mesure où elle fait l'objet d'un consensus de la part de la majorité des citoyens. Ainsi, comme le remarque Tocqueville, le rapport à la foi relève davantage du pragmatisme et de l'utilité sociale que de la foi véritable ;
- d'autre part, **la religion est un choix raisonnable qui permet aux individus d'acquérir une certaine assurance et d'atteindre la sérénité, ce qui impacte**

positivement la société.

Cependant, **la religion n'est un bienfait que lorsqu'elle est résolument séparée du politique** et, là encore, les États-Unis constituent un exemple. Si l'Église soutenait l'État, elle se fragiliserait puisqu'elle devrait alors suivre les changements et les fluctuations des pouvoirs politiques particuliers. Par conséquent, cela la décrédibiliserait et elle perdrait son influence positive sur la société.

En somme, Tocqueville considère les religions comme un facteur de stabilité et de cohésion politique et sociale. Il est dès lors dans l'intérêt de tous que la majorité des citoyens soient croyants. Dieu permet aux hommes de conférer du sens à l'existence et de donner un plus grand poids aux valeurs morales. Tandis que le matérialisme limite la volonté de dépassement de soi, les valeurs transcendantales élèvent les hommes.

L'économie

En Amérique, où une activité généralisée se déploie, **les citoyens sont poussés à entreprendre sans cesse**. Ainsi, le rapport des individus à l'argent, à la réussite et au travail est tout autre qu'en France : **le travail** y est considéré comme une valeur de second rang alors qu'aux États-Unis, il est **une valeur primordiale**.

En outre, **la lutte des classes n'existe plus**, pour deux raisons :

- d'abord, la différence de statut n'est pas synonyme de

différence de respectabilité ;
- ensuite, les statuts et les fonctions ne sont pas immuables.

Dès lors, les discriminations entre les différentes professions sont supprimées et on assiste à une véritable **mobilité sociale**, caractéristique essentielle d'une authentique démocratie. En cela, le développement économique des États-Unis constitue un modèle intéressant.

L'emprisonnement

Tocqueville s'est aussi penché sur le système carcéral américain en vue de réformer les prisons françaises. Il dénonce en effet **les déficiences de l'emprisonnement en France** :

- le personnel sous-payé des prisons accepte toutes les dérives ;
- les vieillards et les adolescents peuvent être enfermés dans une même cellule alors que l'homosexualité est un danger majeur dans les prisons ;
- le système carcéral est immoral : des enfants et des adolescents, de parents prisonniers ou orphelins, n'ayant commis aucun délit, sont emprisonnés illégalement faute de place ailleurs ;
- les délinquants légers sont mêlés aux multirécidivistes et aux criminels endurcis, etc.

Par conséquent, selon lui, la prison ne peut que développer la propension aux vices et aux crimes, et constitue donc davantage un mal qu'un remède.

De ses visites dans les établissements pénitentiaires américains, Tocqueville retient **deux modèles carcéraux :**

- celui d'Auburn, qui est basé sur un **système de châti-
ments corporels contraignant au respect du règle-
ment**. Les prisonniers travaillent en commun dans la
journée et sont séparés la nuit ;
- celui de Philadelphie, qui se fonde sur le **principe de l'isolement cellulaire individuel**. Le philosophe-historien
propose ce système carcéral en France en avançant que la
criminalité doit être perçue comme une maladie sociale
qui se transmet aisément dans les prisons : les malades
doivent donc être isolés.

La prison doit selon lui honorer une **triple fonction** :

- **protéger** la société des méfaits des délinquants ;
- **appliquer la sanction** infligée par le corps social ;
- **rendre la réintégration dans la société possible**. La
majorité des prisonniers sont illettrés et n'ont aucune
connaissance professionnelle. La prison doit dès lors les
scolariser et leur apprendre un métier afin de leur donner
les moyens de regagner le monde du contrat social.
Tocqueville pense que le développement d'une politique
de réintégration devrait empêcher en partie la récidive
ou du moins supprimer son inéluctabilité. Ceci exige
cependant un investissement économique important en
locaux et en personnel.

QU'EST-CE QUE LA DÉMOCRATIE ?

L'égalité des conditions

L'analyse du système américain permet à Tocqueville de proposer une définition originale de la société démocratique. Selon lui, **la caractéristique première de la démocratie est l'égalisation des conditions**. Toutefois, il ne prône pas l'égalitarisme (c'est-à-dire l'égalité absolue entre les hommes, en théorie et dans les faits) : en effet, il ne s'agit pas d'annuler l'inégalité économique, mais de faire de l'égalité des conditions la norme.

Ceci implique **l'absence de classes sociales sans pour autant supprimer la hiérarchie sociale ou politique**. Alors que les régimes aristocratiques se caractérisent par un ordre social préétabli et immuable qui dicte à chacun la place qui lui est assignée et les droits et les devoirs qui lui sont propres, la démocratie n'enferme pas ses membres dans la position sociale qu'ils occupent. Ainsi, si les positions sociales ne sont pas équivalentes, elles peuvent cependant évoluer en fonction des circonstances : la fortune peut survenir et s'effondrer, la propriété peut s'acquérir et se perdre. Le système démocratique se fonde donc essentiellement sur **la mobilité sociale** qui empêche l'émergence de groupes privilégiés.

Dans l'ancienne société aristocratique, l'inégalité est définitive puisque la condition de chacun est liée à sa naissance. Inversement, dans la société démocratique, elle est libre et les rangs sociaux sont modifiables. Par conséquent, les individus, bien qu'appartenant à des statuts sociaux différents, se savent fondamentalement égaux. En somme, en démocratie, l'inégalité des conditions ne s'attache plus aux individus en eux-mêmes, mais aux circonstances de la vie (citation 5).

Étant donné que chacun se sent l'égal de l'autre et soumis uniquement temporairement et contractuellement à un supérieur, l'égalité des conditions est à voir comme une construction sociale. Le principe démocratique qui se détache est donc l'absence de distinctions sociales fondées juridiquement et l'égalité des droits. Par ailleurs, l'égalisation des conditions instaure la participation de tous aux affaires publiques.

Le paradoxe de la démocratie

Dans une société aristocratique, le caractère héréditaire des positions sociales permet à chaque classe de développer ses propres valeurs et normes culturelles qu'elle partage avec ses membres. Or **la mobilité sociale propre à la démocratie détruit cette communauté des traits culturels au profit de l'individualisme et d'un gout commun pour le bien-être et la jouissance matérielle**. S'ensuit alors une lutte entre les individus, qui se distinguent par leurs aptitudes intellectuelles ou physiques, pour l'obtention du confort matériel.

Ainsi, **un des dangers de la démocratie** réside dans l'institutionnalisation des inégalités fondées sur le mérite : **la méritocrati**e. Les dispositions intellectuelles et physiques des individus étant différentes, certains réussiront toujours mieux que d'autres : l'égalisation des conditions conduit aux inégalités économiques. En somme, le système démocratique mène les individus à la volonté de se différencier socialement par plus de richesse, ce qui met en lumière un paradoxe démocratique :

- d'une part, **les citoyens exigent l'égalité en tant que conscience collective ;**
- d'autre part, **en tant que consciences individuelles, ils aspirent à l'inégalité.**

Dès lors, des forces divergentes tiraillent la démocratie entre deux tendances : un mouvement idéologique qui pousse vers toujours plus d'égalité et la reconstitution incessante des inégalités causée par les ambitions économiques individuelles.

Les dangers de la démocratie

Outre la méritocratie, le danger majeur de la démocratie réside dans **le renoncement à la liberté**. Selon Tocqueville, celui-ci **provoqué par** :

- **la tyrannie de la majorité qui engendre le conformisme**. Quand tous les avis sont égaux, c'est la règle de la majorité qui s'applique en démocratie. Par conséquent, la décision finale revient toujours au plus grand nombre. Le système démocratique court donc le risque de la toute-puissance de la majorité qui peut s'avérer oppressante vis-à-vis de la minorité dont les intérêts et les convictions sont toujours évincés lors des votes. C'est pourquoi Tocqueville redoute la naissance d'un conformisme social rendant impossible l'indépendance d'esprit,

l'esprit critique et la liberté de discussion ;
- **l'individualisme qui engendre le despotisme politique** (pouvoir absolu et arbitraire). La démocratie crée des individus égaux et autonomes, mais égoïstes : comme nous l'avons vu, chacun tente de valoriser ses ambitions personnelles. Cela brise les liens de dépendance entre les hommes et rend possible une existence totalement repliée sur soi-même et sur sa famille, ce que Tocqueville appelle « la petite société ». Chacun délaisse alors l'exercice réel de ses prérogatives de citoyens, c'est-à-dire s'exclut volontairement de la vie publique. En somme, aveuglés par la course au bien-être et repliés sur eux-mêmes, les citoyens démocrates courent le risque d'abandonner leur liberté. Dès lors, l'État se renforce et, se présentant comme le garant du droit et de l'ordre, amène les individus à accepter de s'en remettre de plus en plus à lui. L'État exerce alors sur eux un contrôle croissant et despotique, ce qui conduit à une égalité sans liberté (<u>citation 6</u>).

L'importance des associations et de la presse

Pour conserver les deux principes fondateurs de la démocratie, à savoir l'égalité et la liberté, Tocqueville envisage comme solution **la restauration des corps institutionnels intermédiaires de l'Ancien Régime**, c'est-à-dire les associations politiques et civiles, les organisations coopératives, les partis politiques, etc. Il s'agit selon lui d'**instances essentielles à la garantie de la démocratie** dans la mesure où :

- elles contrecarrent l'individualisme et renforcent la solidarité et les liens sociaux en permettant aux citoyens de s'assembler ;

- elles permettent aux individus, en les assemblant, de résister aux dangers de la tyrannie de la majorité et du despotisme politique, en constituant un contre-pouvoir efficace ;
- elles évitent de recourir systématiquement à l'État. Ainsi, elles consistent en une sorte de pouvoir local pour la défense d'une cause, d'un intérêt ou d'une idée. Les citoyens sont par conséquent responsabilisés et participent à la vie publique, ce qui relativise les excès de la centralisation : l'État n'exerce pas un contrôle absolu sur l'activité et sur les libertés individuelles.

Aussi Tocqueville estime-t-il que **la presse libre constitue la caractéristique essentielle d'une société démocratique libre**. Elle représente en effet le poids de l'opinion publique et, en tant que diffuseur de cette opinion publique, elle est un facteur capital au bon fonctionnement de la démocratie. Dès lors, la liberté de la presse est une condition nécessaire de la démocratie et de la liberté. Cependant, elle n'est pas suffisante car elle ne défend pas les ultrasminoritaires opposés à l'opinion publique majoritaire.

Ainsi, le philosophe recommande aux responsables politiques de garantir la liberté de la presse et des associations, ainsi que de protéger et de développer les libertés politiques.

Les questions sociales

La nouvelle pauvreté issue d'une économie créatrice d'immenses distorsions nécessite une solution politique. Tocqueville propose **plusieurs pistes pour venir à bout du**

paupérisme :

- l'annulation ou la **diminution de l'impôt** sur les moins nantis ;
- l'instauration d'**un système de participation salariale** ;
- la création de **sociétés coopératives ouvrières** ;
- l'établissement d'une **banque des pauvres** par fusion des caisses d'épargne et des monts-de-piété. Ces institutions reçoivent l'épargne des ouvriers et versent un intérêt sur ces dépôts (<u>citation 7</u>).

Toute la question se réduit alors à la recherche de moyens permettant aux pauvres de capitaliser et de rendre productive leur épargne. En outre, ces dépôts ne seraient plus employés à créer de la rente, mais à financer des travaux dans les régions, à créer des emplois et à distribuer l'économie de manière plus juste. Dans cette perspective, la propriété est essentielle à la création des responsabilités et du développement de la vie sociale et de la moralité.

Tocqueville s'est de même grandement impliqué dans une **politique sociale de la famille**, tentant de régler le fléau, né de la misère, des infanticides et des enfants abandonnés. Il invite l'État à établir une politique sociale et à légiférer dans le but de sauver les enfants de la mort physique en limitant les infanticides, mais également de les préserver d'une mort sociale en les soutenant financièrement afin qu'ils puissent être scolarisés et apprendre un métier.

EN RÉSUMÉ

Selon Tocqueville, **la démocratie est un processus inéluctable** : depuis le système féodal jusqu'à la Révolution
française, on assiste à une marche continue vers l'égalité
suite à l'ébranlement progressif des classes sociales.

Ainsi, le philosophe estime qu'il est indispensable de
préparer la mise en place du système démocratique. Pour
ce faire, il analyse **le modèle démocratique américain**, qui
constitue selon lui **un exemple idéa**l. Il retient des États-
Unis les bienfaits de la religion comme facteur de cohésion
sociale, la mobilité sociale et le système carcéral fondé sur
le principe d'isolement cellulaire individuel et menant, par
une politique de réintégration, à la diminution des récidives.

D'après le philosophe, **la démocratie se caractérise principalement par l'égalisation des conditions**. Cela implique
l'absence de distinctions sociales fondées juridiquement et
l'égalité des droits.

Toutefois, le système démocratique présente des dangers : **la
méritocratie**, débouchant sur des inégalités économique ;
la tyrannie de la majorité, ébranlant l'indépendance d'esprit et isolant les minorités ; **l'individualisme**, poussant les
individus à se replier sur eux-mêmes et à délaisser l'exercice
de leur citoyenneté au profit de l'État.

Tocqueville estime cependant que **ces dangers peuvent
être évités grâce aux associations et à la presse libre** qui
préservent respectivement la cohésion sociale et la liberté

des citoyens en les liant plus étroitement aux affaires publiques par la participation active à la vie politique du pays.

- 27 -

Votre avis nous intéresse !
Laissez un commentaire sur le site de votre librairie en ligne
et partagez vos coups de cœur sur les réseaux sociaux !

POUR ALLER PLUS LOIN

- BENOÎT (Jean-Louis), *Comprendre Tocqueville*, Paris, Armand Colin, 2004.
- CAPDEVILA (Nestor), *Tocqueville et les frontières de la démocratie*, Paris, PUF, 2007.
- MANENT (Pierre), *Tocqueville et la nature de la démocratie*, Paris, Gallimard, 2006.
- TOCQUEVILLE (Alexis de), *De la démocratie en Amérique*, Paris, Flammarion, 2010.
- TOCQUEVILLE (Alexis de), *Écrits sur le système pénitentiaire en France et à l'étranger*, in Œuvres complètes, Paris, Gallimard, 1985.
- TOCQUEVILLE (Alexis de), *L'Ancien Régime et la Révolution*, Paris, Gallimard, 1985.
- TOCQUEVILLE (Alexis de), *Manifeste pour la « jeune gauche »*, Paris, Gallimard 1990.
- TOCQUEVILLE (Alexis de), *Œuvre*, Paris, Gallimard, 1991-1992 (2 tomes).
- TOCQUEVILLE (Alexis de), *Souvenirs*, Paris, Gallimard, 1999.

TESTEZ VOS CONNAISSANCES !

ASSOCIEZ CHAQUE CITATION À L'EXPLICATION QUI LUI CORRESPOND.

Citation 1 : « Partout on a vu les divers incidents de la vie des peuples tournés au profit de la démocratie ; [...] tous [les hommes] ont été poussés pêle-mêle dans la même voie [...]. Le développement graduel de l'égalité des conditions est donc un fait providentiel. » (*De la démocratie en Amérique*, Paris, Flammarion, 2010)

Citation 2 : « La bourgeoisie, avec laquelle [les nobles] avaient tant craint de se confondre, s'enrichit, au contraire, et s'éclaire à côté d'eux, sans eux et contre eux ; ils n'avaient pas voulu avoir les bourgeois comme associés ni comme concitoyens, ils vont trouver en eux des rivaux, bientôt des ennemis, et enfin des maîtres. [...] Ces paysans, dont [le bourgeois] était sorti, lui étaient devenus non seulement étrangers, mais pour ainsi dire inconnus [...]. » (*L'Ancien Régime et la R*évolution, Paris, Gallimard, 1985)

Citation 3 : « J'avoue que dans l'Amérique j'ai vu plus que l'Amérique ; j'y ai cherché une image de la démocratie elle-même, de ses penchants, de son caractère, de ses préjugés, de ses passions ; j'ai voulu la connaître, ne fût-ce que pour savoir du moins ce que nous devions espérer et craindre d'elle. » (*De la démocratie en Amérique*, Paris, Flammarion, 2010)

Citation 4 : « Pour moi, je doute que l'homme puisse jamais supporter à la fois une complète indépendance religieuse et une entière liberté politique ; et je suis porté à penser que, s'il n'a pas la foi, il faut qu'il serve, et, s'il est libre, qu'il croie. » (*De la démocratie en Amérique*, Paris, Flammarion, 2010)

Citation 5 : « Dans les démocraties, les serviteurs ne sont pas seulement égaux entre eux ; on peut dire qu'ils sont, en quelque sorte, les égaux de leur maîtres. » (*Ibid.*)

Citation 6 : « Je veux imaginer sous quels traits nouveaux le despotisme pourrait se produire dans le monde : je vois une foule innombrable d'hommes semblables et égaux qui tournent sans repos sur eux-mêmes pour se procurer de petits et vulgaires plaisirs […]. Chacun, retiré à l'écart, est comme étranger à la destinée de tous les autres […] Au-dessus de ceux-là s'élève un pouvoir immense et tutélaire, qui se charge seul d'assurer leur jouissance et de veilleur sur leur sort. » (*Ibid.*)

Citation 7 : « En définitive, trois moyens de venir au secours du peuple : 1 — Le décharger d'une partie des charges publiques ou du moins ne l'en charger que proportionnel-lement. 2 — Mettre à sa portée les institutions qui peuvent lui permettre de se tirer d'affaire et de s'assister. 3 — Venir à son secours et l'assister directement dans ses besoins. » (*Manifeste pour la « jeune gauche »*, Paris, Gallimard 1990, p. 742-744)

Explication a : la liberté politique n'est possible qu'avec le maintien de la foi. En effet, sans l'autorité divine, les hommes s'effrayent de cette indépendance radicale et se tournent vers l'ordre matériel pour retrouver la stabilité d'un maitre.

Explication b : la division entres les classes (noblesse, bourgeoisie et Tiers État) conduit à la lutte pour l'égalité, moteur de la démocratie.

Explication c : le progrès de l'égalité propre à la démocratie s'est produit partout et de tout temps : le système démocratique est donc un processus inéluctable.

Explication d : le système démocratique américain est considéré comme un modèle idéal sur lequel se baser pour déduire les vices et les qualités intrinsèques de la démocratie.

Explication e : l'égalisation des conditions et la mobilité sociale suppriment la valeur de respectabilité dans les différences de statut : la mobilité sociale peut faire du serviteur le maitre et du maitre le serviteur du jour au lendemain. Chacun est donc l'égal de l'autre.

Explication f : « la petite société » conduit au despotisme de la majorité.

Explication g : l'autonomie des individus en démocratie engendre un repli sur eux-mêmes et un abandon de l'exercice de leur citoyenneté au profit de l'État qui, en échange de la garantie de l'égalité des individus, empiètent de plus en plus sur leur liberté.

Explication h : la presse et les associations sont un remède face aux dangers du repli sur soi des individus.

Explication i : l'égalisation des conditions est plus bénéfique que l'égalitarisme.

Explication j : Tocqueville propose, pour enrayer le paupérisme, de responsabiliser les pauvres en instaurant des institutions qui lui rendent possible l'accès à la propriété (banque des pauvres ou sociétés coopératives ouvrières), de diminuer voire d'annuler les charges sociales qui pèsent sur lui et de pratiquer la charité directe (morale, administrative ou financière).

Rendez-vous sur lepetitphilosophe.fr et découvrez :

Plus de 1200 analyses
Claires et synthétiques
Téléchargeables en 30 secondes
À imprimer chez soi

ISBN version numérique : 978-2-8062-4974-6
ISBN version papier : 978-2-8080-0111-3
Dépôt légal : D/2017/12603/495

Conception numérique : Primento,
le partenaire numérique des éditeurs.